HANDTASCHEN
KOCHBUCH

Abnehmen to go

Rezepte: Angelika Ilies
Fotos: Anne Rogge & Jan Jankovic

Die bei den Rezepten angegebenen Zutaten
machen 2 Personen schlank und satt.

ABNEHMEN TO GO – SO GEHT'S

GANZ ENTSPANNT EIN PAAR KILO WENIGER

Sie möchten schnell noch etwas für Ihre Bikinifigur tun? Drei oder vier Kilo Winterspeck loswerden? Sie haben aber keine Lust auf streng ausgeklügelte Diätpläne? Dann ist dieses kleine Buch genau richtig für Sie. Es bietet 63 leckere Rezepte mit allerhöchstens 500 Kalorien, die ganz und gar nicht nach Diät schmecken. So wird das Abnehmen denkbar einfach!

Nach dem To-go-Prinzip können Sie sich hier jeden Tag nach Lust und Laune drei Gerichte aussuchen, die Sie essen möchten: Füllen Sie morgens Ihre Energiespeicher mit einer der Frühstücksideen auf. Danach können Sie mittags und abends noch zwei Mahlzeiten zum Mitnehmen oder für Zuhause auswählen.

Ein weiteres Plus für Sie: Auch zwei bis drei kleine Zwischenmahlzeiten täglich sind erlaubt! Vorschläge für kalorienarme Snacks und Getränke finden Sie auf den folgenden Seiten. Beißen Sie guten Gewissens in einen Apfel, naschen Sie einige Trauben, löffeln Sie einen Joghurt, genießen Sie Ihren geliebten Cappuccino. Trotzdem nehmen Sie nicht mehr als maximal 1800 Kalorien am Tag zu sich – und kommen Ihrem Wunschgewicht langsam aber stetig näher.

Natürlich geht das Abnehmen ein bisschen schneller, wenn Sie sich täglich viel bewegen. Gelegenheiten gibt es dazu überall: Zügig gehen, Treppen steigen, Hausputz machen – wenn Sie sich mehr bewegen, tun Sie Ihrer Figur und Ihrer Gesundheit viel Gutes! Und vergessen Sie nicht, immer genügend zu trinken – am besten Wasser oder ungesüßte Tees.

Praktisch im Format: Das Büchlein passt in jede Handtasche und ist immer dabei. So können Sie spontan entscheiden, was Sie abends oder am nächsten Tag Leckeres essen möchten, und es zwischendurch schnell besorgen. Die Zutaten bekommen Sie übrigens alle im Supermarkt, das spart Zeit beim Einkaufen. Und natürlich sind auch die Zubereitungszeiten kurz – in maximal 30 Minuten steht alles auf dem Tisch.

Mein Tipp zuletzt: Kaufen Sie gute Zutaten, denn die bieten meist mehr Aroma als Billigprodukte. Dann reichen Ihnen auch kleinere Portionen, um satt und zufrieden zu sein, und Sie erleichtern sich das Abnehmen.

SNACKS TO GO

Für den kleinen Hunger zwischendurch können Sie hier zwei- bis dreimal pro Tag zugreifen. Die Snacks sollten dabei insgesamt nicht mehr als 300 Kalorien ausmachen, vergessen Sie auch die Getränke nicht.

Obst

2 Scheiben Ananas	80 kcal
1 Apfel	80 kcal
5 Aprikosen	110 kcal
1 Banane	140 kcal
1 Handvoll Beeren	35 kcal
1 Birne	85 kcal
1 Stück Honigmelone	80 kcal
1 Kiwi	40 kcal
2 Mandarinen	95 kcal
1 Orange	65 kcal
1 Pfirsich	55 kcal
1 Stück Wassermelone	55 kcal
1 Handvoll Weintrauben	70 kcal
5 Zwetschgen	75 kcal

Gemüse

10 Cornichons	20 kcal
1 Stück Gurke	12 kcal

1 Handvoll Kirschtomaten	17 kcal
1 Kohlrabi	40 kcal
2 Möhren	50 kcal
15 grüne Oliven	90 kcal
1 Paprika	30 kcal
1 Handvoll Radieschen	10 kcal

Getränke

1 Cappuccino (fettarme Milch, ungesüßt)	45 kcal
1 Latte macchiato (fettarme Milch, ungesüßt)	95 kcal
1 Glas Buttermilch (200 ml)	90 kcal
1 Glas Früchtesmoothie (250 ml)	180 kcal
1 Glas Apfelsaft (250 ml)	115 kcal
1 Glas Tomatensaft (250 ml)	40 kcal
1 Glas Frucht- oder Multivitaminsaft (250 ml)	90 kcal

Snacks

1 Becher fettarmer Joghurt (150 g)	100 kcal
1 hart gekochtes Ei	80 kcal
8–10 Mandeln	90 kcal
40 g Apfelringe, getrocknet	100 kcal
1 Handvoll Studentenfutter (25 g)	120 kcal
20 Salzstangen	105 kcal
6 Butterkekse	130 kcal

FRÜHSTÜCK

ORANGEN-
KAFFEE-MÜSLI

Fruchtiger Muntermacher

2 EL löslicher Kaffee
etwas heißes Wasser
250 g Magerquark
1 EL Zucker
2 große Orangen
30 g Walnusskerne

100 g gemischte
  Getreideflocken
2 TL Ahornsirup oder
  flüssiger Honig
Zubereitung: 15 Min.
pro Portion ca. 470 kcal

1 Den löslichen Kaffee zuerst mit einigen Tropfen heißem Wasser verrühren, dann mit dem Quark und dem Zucker glatt rühren.

2 Die Orangen schälen, dabei auch die weiße Außenhaut entfernen. Die Früchte halbieren und in Scheiben schneiden.

3 Die Walnusskerne grob hacken und mit den Getreideflocken mischen. Zusammen mit den Orangenscheiben anrichten. Den Kaffeequark und zuletzt den Ahornsirup oder den Honig darübergeben.

KOKOS-BANANEN-MÜSLI

Exotik pur

40 g getrocknete
   Kokosraspel oder
   -chips
1 Banane
1 EL Zitronensaft
2 rosa Grapefruits
250 g Magerquark

75 g gemischte
   Getreideflocken
40 g getrocknete
   Cranberrys
Zubereitung: 15 Min.
pro Portion ca. 495 kcal

1   Die Kokosraspel oder -chips in einer Pfanne ohne Fett goldbraun rösten. Auf einen Teller geben. Die Banane schälen und schräg in Scheiben schneiden, mit Zitronensaft beträufeln und in den Kokosraspeln wenden.

2   Von einer Grapefruit den Saft auspressen und mit dem Quark verrühren. Die andere Grapefruit halbieren und die Filets aus den Hälften lösen.

3   Getreideflocken mit Cranberrys und ausgelösten Grapefruitfilets mischen und in zwei Schalen verteilen, mit Grapefruitquark und Bananen anrichten.

EXOTISCHES SCHOKOMÜSLI

Süßer Energiespender

2 EL Haselnusskerne
60 g gemischte Getreideflocken
2 EL Schokoraspel
½ TL Zimtpulver
¼ TL gemahlener Ingwer

50 g getrocknete Mango oder Ananas
250 g Joghurt (1,5 %)
1 EL Honig
Zubereitung: 10 Min.
pro Portion ca. 420 kcal

1   Die Haselnusskerne grob hacken und in einer kleinen Pfanne ohne Fett kurz rösten. Anschließend mit den Getreideflocken, den Schokoraspeln, dem Zimtpulver und dem Ingwer mischen.

2   Die getrockneten Mangos oder Ananas klein schneiden. Den Joghurt mit dem Honig verrühren. Das Schokomüsli mit den Trockenfrüchten und dem Joghurt servieren.

VANILLEBIRNEN MIT HAFERCREME

Saftig-cremige Kombi

250 g Joghurt (3,5 %)
40 g Instant-Hafer-
   flocken (Schmelz-
   flocken)
2 TL flüssiger Honig
3 feste Birnen
2 EL Zitronensaft
1 Pck. Vanillezucker

4 EL kernige Hafer-
   flocken oder Flocken-
   müsli
4 EL getrocknete
   Cranberrys
Zubereitung: 15 Min.
pro Portion ca. 395 kcal

1   Den Joghurt mit den Instant-Haferflocken verrühren und mit dem Honig süßen.

2   Die Birnen waschen und abtrocknen, vierteln und vom Kerngehäuse befreien. Die Viertel längs in Spalten schneiden, mit Zitronensaft und Vanillezucker in einen breiten Topf geben und zugedeckt einmal aufkochen.

3   Die Birnen mit dem Sud und den Joghurt auf Teller verteilen. Kernige Haferflocken oder Flockenmüsli sowie die Cranberrys darüberstreuen.

PANCAKES MIT PREISELBEERCREME

Süßes Verwöhnfrühstück

60 g Mehl
1 Prise Backpulver
1 Pck. Vanillezucker
3 EL gemischte
  Getreideflocken
75 ml Milch
1 Ei
1 kleiner rotschaliger
  Apfel (z. B. Boskop)

1 EL Butter
250 g Magerquark
100 g Preiselbeeren
  (Glas)
Zubereitung: 20 Min.
pro Portion ca. 460 kcal

1   Aus Mehl, Backpulver, Vanillezucker, Getreide-flocken, Milch und Ei einen Teig anrühren. Den Apfel waschen und abtrocknen, mit einem Apfel-ausstecher entkernen und in 4 Scheiben schneiden.

2   In einer breiten beschichteten Pfanne die Butter zerlassen. Die Apfelringe darin von beiden Seiten kurz anbraten. 2 EL Teig über jeden Apfel-ring geben – er läuft ein wenig über den Rand nach unten. Pancakes von beiden Seiten gold-braun backen, vorsichtig wenden.

3   Quark mit den Preiselbeeren verrühren. Mit den Pancakes auf Tellern anrichten.

ANANAS-MANDEL-SMOOTHIE

Flüssiger Kraftprotz

½ frische Ananas (ca. 250 g Fruchtfleisch)
¼ l Buttermilch oder Kefir
5 EL Instant-Haferflocken (Schmelzflocken)

2 EL gemahlene Mandeln
2 EL Zucker
1 Prise Zimtpulver

Zubereitung: 10 Min.
pro Portion ca. 255 kcal

1   Die Ananas schälen und längs in Spalten schneiden, den harten Mittelstrunk entfernen. Das Fruchtfleisch grob würfeln.

2   Das Ananasfruchtfleisch zusammen mit der Buttermilch oder dem Kefir, den Haferflocken, Mandeln, Zucker und Zimtpulver im Mixer oder mit einem Mixstab gründlich pürieren und aufschlagen. Den Smoothie in zwei hohe Gläser füllen und genießen.

ERDBEEREN MIT PISTAZIENQUARK

Sommerlich frisch

500 g Erdbeeren
250 g Magerquark
50 ml Milch
1 EL Zucker
25 g gehackte Pistazien-
kerne

2 Scheiben süßes
Hefebrot (je ca. 50 g)
½ Bio-Zitrone
Zubereitung: 15 Min.
pro Portion ca. 400 kcal

1 Die Erdbeeren waschen, putzen und in Scheiben schneiden oder vierteln. Den Quark mit der Milch und dem Zucker glatt rühren, die Pistazienkerne unterrühren.

2 Die Brotscheiben nach Belieben leicht toasten, mit dem Quark bestreichen und mit den Erdbeeren belegt auf zwei Teller verteilen.

3 Die Zitrone heiß abwaschen und abtrocknen, die Schale in feinen Spänen abziehen und den Saft auspressen. Beides zum Servieren über die Erdbeeren und den Quark geben.

VOLLKORNBROT
MIT TOMATEN-EI

Herzhafter Start

100 g kleine Kirsch-
   tomaten
4 getrocknete, in
   Marinade eingelegte
   Tomaten
10 g Butter
4 Eier (S)
Salz

Pfeffer
4 Scheiben Vollkorn-
   brot (je ca. 40 g)
50 g leichter Frischkäse
   (12 %)
4 Zweige Basilikum
Zubereitung: 10 Min.
pro Portion ca. 395 kcal

1   Die Kirschtomaten waschen, trocken tupfen und halbieren oder vierteln. Die eingelegten Tomaten abtropfen lassen und in feine Streifen oder Würfel schneiden.

2   Die Butter in einer beschichteten Pfanne aufschäumen. Die Eier einzeln aufschlagen, in die Pfanne geben und zu Spiegeleiern braten. Dabei gegen Ende die frischen und die eingelegten Tomaten aufstreuen. Mit Salz und Pfeffer würzen.

3   Die Brotscheiben mit dem Frischkäse bestreichen und die Spiegeleier daraufsetzen. Basilikum waschen, trocken tupfen und einzelne Blättchen darüberstreuen.

NUSSBROT MIT GEMÜSETATAR

Frischer Vitaminkick

2 Möhren
1 Kohlrabi
1 Stück Salatgurke
 (ca. 50 g)
¼ gelbe Paprikaschote
½ Bund Petersilie
100 g leichter Frisch-
 käse (12 %)

Salz
Pfeffer
4 Scheiben Nussbrot
 (je ca. 50 g)
8 Radieschen
Zubereitung: 20 Min.
pro Portion ca. 390 kcal

1 Die Möhren, den Kohlrabi und die Gurke schälen, die Paprika waschen und putzen. Das Gemüse zuerst in dünne Scheiben, dann in Streifen und diese in kleine Würfel schneiden.

2 Die Petersilie waschen, trocken tupfen und fein schneiden. Gemüsewürfel und Petersilie mit dem Frischkäse verrühren. Das Gemüsetartar mit Salz und Pfeffer abschmecken.

3 Das Gemüsetartar auf den Brotscheiben verteilen. Die Radieschen waschen, putzen und in dünne Scheiben schneiden, einander überlappend auf die Tatarbrote legen.

MITTAGS
TO GO

PROVENZALISCHER KARTOFFELSALAT

Lässt vom Süden träumen

500 g festkochende
   Kartoffeln
Salz
2 Tomaten
1 kleine Dose Thun-
   fisch im eigenen Saft
   (80 g)
1 Dose weiße Riesen-
   bohnen (400 g)

3 hart gekochte Eier
150 g Joghurt (1,5 %)
Saft von 1 Zitrone
1 EL grobkörniger Senf
Pfeffer
1 TL Kräuter der
   Provence
Zubereitung: 30 Min.
pro Portion ca. 450 kcal

1   Kartoffeln schälen und in Scheiben schneiden, zugedeckt in wenig Salzwasser ca. 8 Min. garen. Abgießen und abkühlen lassen.

2   Inzwischen die Tomaten waschen, von den Stielansätzen befreien, vierteln und entkernen. Thunfisch abtropfen lassen. Die Riesenbohnen in einem Sieb kalt abbrausen, gut abtropfen lassen. Die Eier pellen und vierteln.

3   Den Joghurt mit Zitronensaft, Senf, Salz, Pfeffer und Kräutern zu einem Dressing verrühren. Alle vorbereiteten Zutaten darin wenden.

LINSENSALAT
MIT CURRYPUTE

Fruchtig und würzig

125 g rote Linsen
¼ l Gemüsebrühe
2 säuerliche Äpfel
300 g Putenbrustfilet
1 EL Öl
Salz

Pfeffer
1 EL Currypulver
2 Frühlingszwiebeln
150 g Joghurt (1,5 %)
Zubereitung: 20 Min.
pro Portion ca. 455 kcal

1 Die Linsen mit der Brühe aufkochen und zugedeckt bei schwacher Hitze in 6–8 Min. bissfest köcheln. Die Äpfel waschen, abtrocknen, vierteln, entkernen und klein schneiden, zu den Linsen geben. Abkühlen lassen.

2 Das Fleisch schnetzeln und rundherum im heißen Öl in einer beschichteten Pfanne anbraten, salzen und pfeffern. Currypulver einstreuen, alles 2–3 Min. braten. Herausnehmen.

3 Die Frühlingszwiebeln waschen, putzen und fein schneiden, mit den Apfellinsen und dem Fleisch mischen. Den Joghurt salzen und pfeffern, mit der Currypute servieren.

TOMATEN-NUDEL-SALAT

Pasta-Glück unterwegs

150 g Mini-Penne
Salz
150 g kleine Kirsch-
   tomaten
1 Bund Basilikum
100 g magerer roher
   Schinken
2 EL Olivenöl

2 EL Brühe
4 EL Aceto balsamico
Pfeffer
25 g Parmesan
   (am Stück)
Zubereitung: 20 Min.
pro Portion ca. 490 kcal

1   Die Nudeln nach Packungsanweisung in Salzwasser gerade eben bissfest garen. Die Tomaten waschen, trocken tupfen und halbieren. Das Basilikum waschen und trocken tupfen, die Blättchen abzupfen und grob schneiden. Den Schinken in Streifen schneiden.

2   Das Olivenöl mit der Brühe und dem Essig sowie Salz und Pfeffer gründlich zu einem Dressing verrühren. Mit den vorbereiteten Zutaten mischen und pikant abschmecken.

3   Den Parmesan grob raspeln oder klein würfeln und zum Servieren über den Salat streuen.

SPÄTZESALAT MIT KÄSEDRESSING

Deutsch-italienische Liaison

300 g Zucchini
Salz
250 g Spätzle (Kühl-
  regal)
100 g Joghurt (1,5 %)
75 g Gorgonzola

Pfeffer
100 g magerer roher
  Schinken
2 EL Kapern (Glas)
Zubereitung: 20 Min.
pro Portion ca. 445 kcal

1   Die Zucchini waschen und putzen, erst in
5 cm lange Stücke, dann in dünne Scheiben und
diese in schmale Streifen schneiden. Reichlich
Salzwasser aufkochen, die Zucchini und die
Spätzle darin ca. 4 Min. garen, anschließend in
einem Sieb gut abtropfen lassen. Ausbreiten und
etwas abkühlen lassen.

2   Den Joghurt mit dem Gorgonzola pürieren,
mit Salz und Pfeffer abschmecken. Mit den Zucchini und den Spätzle mischen. Den Schinken in
Streifen schneiden, mit den Kapern zum Salat
geben und alles abschmecken.

INDONESISCHER REISSALAT

Auch perfekt zu Gegrilltem

150 g Basmatireis
Salz
100 g TK-Erbsen
100 g Bambusschösslinge (Dose)
1 Möhre
100 g Mungobohnensprossen
3–4 Blätter Chinakohl

2 EL Öl
2 EL Zitronensaft
3 EL Gemüsebrühe
1–2 TL Sambal Oelek
2 EL geröstete, gesalzene Erdnusskerne

Zubereitung: 25 Min.
pro Portion ca. 450 kcal

1   Den Reis in kochendem Salzwasser in ca. 15 Min. garen, dabei in den letzten 5 Min. die Erbsen dazugeben. Gut abtropfen lassen.

2   Die Bambusschösslinge abtropfen lassen, die Möhre schälen, beides in feine Stifte schneiden. Die Mungobohnensprossen in einem Sieb kalt abbrausen, den Chinakohl waschen, putzen, trocken tupfen und klein schneiden.

3   Das Öl mit Zitronensaft, Brühe, Salz und Sambal Oelek zu einem Dressing verquirlen, die vorbereiteten Zutaten darin wenden. Herzhaft abschmecken und die Erdnusskerne aufstreuen.

FRUCHTIGER KÖRNERSALAT

Vollwertig & saftig

100 g Zartweizen (z. B. Ebly)	2 Frühlingszwiebeln
Salz	30 g Walnusskerne
½ kleine Honigmelone	2 EL Apfelessig
1 kleiner rotschaliger Apfel	3 EL Walnussöl
100 g blaue kernlose Weintrauben	Pfeffer
	2 Zweige Minze

Zubereitung: 20 Min.
pro Portion ca. 490 kcal

1 Die Weizenkörner nach Packungsanweisung in Salzwasser ca. 10 Min. garen, anschließend gut abtropfen lassen.

2 Die Honigmelone entkernen, das Fruchtfleisch mit einem Kugelausstecher auslösen. Den Apfel waschen, abtrocknen, halbieren, entkernen und in feine Stifte schneiden. Die Trauben waschen und halbieren. Die Frühlingszwiebeln waschen, putzen und in feine Ringe schneiden. Die Nüsse hacken.

3 Weizenkörner, Früchte, Frühlingszwiebeln und Walnüsse mit Apfelessig und Walnussöl vermengen, mit Salz und Pfeffer abschmecken. Die Minze waschen, fein schneiden und dazugeben.

COUSCOUS-
ERBSEN-SALAT

Marokko lässt grüßen

20 g Mandelstifte
125 g TK-Erbsen
Salz
125 g Instant-Couscous
1 kleine Dose Mais-
  körner (ca. 140 g)
40 g Rosinen
150 g Joghurt (1,5 %)

Pfeffer
2 EL Zitronensaft
1 TL gemahlener
  Kreuzkümmel
75 g fettarmer Schafs-
  käse (Feta; 9 %)
Zubereitung: 25 Min.
pro Portion ca. 500 kcal

1   Die Mandeln in einer Pfanne ohne Fett goldbraun rösten. Die Erbsen in wenig kochendem
Salzwasser ca. 5 Min. garen. Instant-Couscous
nach Packungsanweisung zubereiten.

2   Die Erbsen und den Mais in einem Sieb abtropfen lassen, mit den Mandeln, dem Couscous
und den Rosinen mischen.

3   Den Joghurt mit Salz, Pfeffer, Zitronensaft und
Kreuzkümmel zu einem Dressing verrühren und
abschmecken. Mit den vorbereiteten Zutaten mischen, den Feta zerbröckeln und darüberstreuen.

SPARGELSALAT
MIT SCHINKEN

Festliche Frühlingsküche

750 g grüner Spargel
Salz
3 EL Weißweinessig
Pfeffer
3 EL Walnussöl
1 Handvoll Kerbel

150 g magerer Schinken
  (in dünnen Scheiben)
2 Nussbrötchen
  (je ca. 50 g)
Zubereitung: 30 Min.
pro Portion ca. 405 kcal

1   Den Spargel waschen, im unteren Drittel schälen und in mundgerechte Stücke schneiden. Zugedeckt in wenig Salzwasser in 5–10 Min. bissfest dünsten, abtropfen lassen.

2   Den Essig mit Salz und Pfeffer verrühren, das Öl gründlich darunterschlagen. Den Spargel in dem Dressing wenden und den Salat abschmecken.

3   Den Kerbel waschen, trocken tupfen, grob schneiden und darüberstreuen. Den Spargelsalat mit den Schinkenscheiben anrichten. Die Brötchen dazu genießen.

MELONEN-SCHINKEN-COCKTAIL

Besonders erfrischend

½ Galiamelone
2 Orangen
150 g magerer roher
  Schinken
2 Frühlingszwiebeln
100 g TK-Erbsen
100 g Joghurt (1,5 %)

2 EL Ketchup
Salz, Pfeffer
getrocknete Chiliflocken
2 Zwiebelbrötchen
  (je ca. 50 g)
Zubereitung: 20 Min.
pro Portion ca. 390 kcal

1 Das Melonenfruchtfleisch von Schale, Kernen und Fasern befreien und 2 cm groß würfeln. Die Orangen schälen, dabei auch die weiße Außenhaut entfernen. Die Früchte halbieren und das Fruchtfleisch würfeln.

2 Den Schinken in Streifen oder Würfel schneiden. Die Frühlingszwiebeln waschen, putzen und in feine Ringe schneiden. Die Erbsen in kochendem Wasser ca. 5 Min. garen, abtropfen lassen. Alle Zutaten zusammen anrichten.

3 Den Joghurt mit Ketchup, Salz, Pfeffer und Chiliflocken zu einem Dressing verrühren, pikant abschmecken und über die vorbereiteten Zutaten geben. Die Brötchen dazu genießen.

CHAMPIGNON-
KOHLRABI-TELLER

Leicht und knackig

250 g feste große
   Champignons
2 kleine Kohlrabis
Salz, Pfeffer
1 Töpfchen Sauerampfer
3 EL Apfelessig
3 EL Orangensaft

3 EL Walnussöl
1 kleines Glas Forellen-
   kaviar (ca. 100 g)
2 Scheiben Vollkorn-
   brot (je ca. 40 g)
Zubereitung: 15 Min.
pro Portion ca. 390 kcal

1   Die Champignons putzen, bei Bedarf mit einem
Tuch abreiben, dann in dicke Scheiben schneiden.
Die Kohlrabis schälen, zartes Grün beiseitelegen,
die Kohlrabis halbieren und quer in Scheiben
schneiden. Alles salzen und pfeffern.

2   Den Sauerampfer abschneiden, waschen und
trocken tupfen, in Streifen schneiden. Über das
Gemüse geben.

3   Den Apfelessig mit dem Orangensaft, Salz und
Pfeffer verrühren und das Öl gründlich darunterschlagen. Über Champignons, Kohlrabi und Sauerampfer träufeln, den Forellenkaviar dazugeben.
Mit dem Brot genießen.

BOHNENSALAT WEISS-GRÜN

Minzefrisch

500 g grüne Bohnen
Salz
200 g Räuchertofu
½ Töpfchen Minze
150 g Joghurt (1,5 %)
Pfeffer

2 EL Olivenöl
4 Scheiben Vollkorn-
toast
2 EL Pinienkerne
***Zubereitung: 30 Min.
pro Portion ca. 455 kcal***

1   Die Bohnen waschen und putzen, schräg halbieren und zugedeckt in wenig Salzwasser in 8–12 Min. sehr bissfest garen. Abtropfen und etwas abkühlen lassen.

2   Den Tofu in schmale Streifen schneiden. Die Minzeblättchen waschen, trocken tupfen und fein schneiden, mit dem Joghurt verrühren, mit Salz und Pfeffer abschmecken. Mit den Bohnen und dem Tofu vermengen.

3   Das Olivenöl in einer Pfanne erhitzen, das Toastbrot würfeln und im heißen Ol goldbraun rösten. Zuletzt die Pinienkerne mitrösten. Zum Servieren beides auf den Salat geben.

GURKEN-TOMATEN-SALAT MIT NAAN

Indisches zum Abnehmen

1 kleine Salatgurke
3–4 Tomaten
1 Zwiebel
200 g Joghurt (3,5 %)
Salz
Pfeffer
1 TL gemahlener
  Kreuzkümmel

1–2 TL Sambal Oelek
2 Zweige Minze
2 Naan-Brote (Fertig-
  produkt; je ca. 130 g)
2 EL Mango-Chutney
  (Glas)

Zubereitung: 15 Min.
pro Portion ca. 465 kcal

1   Die Gurke schälen, längs vierteln und quer in ½–1 cm dicke Scheiben schneiden. Die Tomaten waschen, von den Stielansätzen befreien, entkernen und würfeln.

2   Die Zwiebel schälen und klein würfeln, mit dem Joghurt verrühren, mit Salz, Pfeffer, Kreuzkümmel und Sambal Oelek abschmecken. Gurken und Tomaten darin wenden.

3   Die Minze waschen, trocken tupfen und grob schneiden, über den Salat streuen. Die Naan-Brote 1–2 Min. im Toaster erwärmen. Zusammen mit dem Mango-Chutney und dem Gurken-Tomaten-Salat genießen.

KALTE GEMÜSESUPPE

Erfrischend leicht

1 Stange Lauch
1 Paprikaschote
1 Zucchino
2 EL Olivenöl
1 Knoblauchzehe
Salz, Pfeffer
1 TL getrockneter
  Thymian

3 Tomaten
½ l Gemüsesaft
  (gut gekühlt)
Tabasco
Zubereitung: 25 Min.
pro Portion ca. 190 kcal

1   Lauch, Paprika und Zucchino waschen bzw. putzen und klein würfeln. Das Öl in einer Pfanne erhitzen und das vorbereitete Gemüse darin anbraten. Den Knoblauch schälen und dazupressen, mit Salz, Pfeffer und Thymian würzen. Das Gemüse unter Rühren ca. 5 Min. dünsten, dann abkühlen lassen.

2   Die Tomaten waschen, halbieren, von den Stielansätzen befreien und entkernen, klein würfeln und zum Gemüse geben.

3   Den Gemüsesaft mit Salz, Pfeffer und Tabasco würzen und zum Servieren über die Gemüsewürfel gießen.

ARABISCHER MÖHRENSALAT

Schneller Lunchgenuss

300 g Möhren
240 g Kichererbsen
(Dose)
3 Orangen
1 rote Zwiebel
½ Bund Petersilie
1 EL Zitronensaft
1 TL Honig

2 EL Olivenöl
Salz, Pfeffer
rosenscharfes Paprika-
pulver
2 kleine Pita-Brote
(je ca. 75 g)
Zubereitung: 15 Min.
pro Portion ca. 445 kcal

1 Die Möhren schälen und grob raspeln. Die Kichererbsen in einem Sieb kalt abbrausen, gut abtropfen lassen. 2 Orangen schälen, die weiße Außenhaut entfernen und die Fruchtfilets klein schneiden, den Saft der dritten Orange auspressen. Die Zwiebel schälen und fein würfeln. Die Petersilie waschen und fein hacken.

2 Orangen- und Zitronensaft mit Honig, Olivenöl, Salz, Pfeffer und Paprikapulver zu einem Dressing verquirlen. Die vorbereiteten Zutaten darin wenden und den Salat pikant abschmecken.

3 Die Pita-Brote in Scheiben schneiden, 2–3 Min. toasten, zusammen mit dem Salat genießen.

ROTE-BETE-SALAT
MIT LACHS

Nordisches Highlight

500 g Rote Beten
(vorgegart, vakuum-
verpackt)
1 Chicorée
3 EL Apfelessig
2 EL Öl
1 TL geriebener Meer-
rettich (Glas)

Salz
Pfeffer
½ Bund Schnittlauch
150 g Räucherlachs
(in Scheiben)
Zubereitung: 20 Min.
pro Portion ca. 285 kcal

1 Die Roten Beten in dicke Stifte schneiden –
dabei am besten Küchenhandschuhe anziehen. Den
Chicorée waschen, putzen und klein schneiden.

2 Den Essig mit Öl, Meerrettich, Salz und Pfeffer zu einem Dressing verquirlen, Rote Beten und
Chicorée darin wenden.

3 Den Salat in Schälchen oder auf Teller vertei-
len. Den Schnittlauch waschen, trocken tupfen, in
Röllchen schneiden und über den Salat streuen.
Den Räucherlachs appetitlich dazu arrangieren.

CHICORÉE MIT QUARKFÜLLUNG

Frisch & fruchtig

2 große Chicorée
100 g blaue Weintrauben
100 g grüne Weintrauben
1 Apfel
250 g Speisequark (20 %)

Salz, Pfeffer
edelsüßes Paprikapulver
2 EL Schnittlauchröllchen
2 Vollkornbrötchen (je ca. 60 g)
Zubereitung: 20 Min.
pro Portion ca. 355 kcal

1   Die Chicoréestauden waschen und putzen, längs halbieren. Jeweils das Innere auslösen (so dass Schiffchen entstehen) und in feine Streifen schneiden. Die Weintrauben waschen und halbieren, evtl. entkernen.

2   Den Apfel waschen und abtrocknen, vierteln, entkernen und grob raspeln. Mit dem Quark und dem klein geschnittenen Chicorée verrühren, mit Salz, Pfeffer und Paprikapulver abschmecken. Die Trauben dazugeben.

3   Den fruchtig-pikanten Quark in die Chicorée-Schiffchen füllen und den Schnittlauch daraufstreuen. Die Brötchen dazu genießen.

FLEISCHSALAT
MIT LAUCH

Traditionelles auf leichte Art

1 zarte Stange Lauch
100 g Schweinebraten-
  aufschnitt
100 g Mixed Pickles
  (Glas)
2 EL Kürbiskernöl

2 EL Fleischbrühe
Salz, Pfeffer
2 EL Kürbiskerne
2 Brezeln (je ca. 70 g)
Zubereitung: 20 Min.
pro Portion ca. 485 kcal

1   Die Lauchstange putzen, gründlich waschen, in Ringe schneiden. In einer Schüssel mit kochendem Wasser übergießen, in ein Sieb abgießen und gut abtropfen lassen.

2   Den Schweinebratenaufschnitt in breite Streifen schneiden. Die Mixed Pickles abtropfen lassen und etwas klein schneiden. Lauch, Braten und Pickles zusammen anrichten.

3   Das Kürbiskernöl mit der Brühe verrühren, mit Salz und Pfeffer würzen. Über die anderen Zutaten träufeln, die Kürbiskerne aufstreuen und die Brezeln dazu genießen.

SPIESSCHEN MIT KÄSEDIP

Knabberspaß unterwegs

1 kleine Zwiebel
250 g mageres Rinder-
 hackfleisch
Salz
Pfeffer
1 EL Öl
200 g Kirschtomaten
 (ca. 20 Stück)

1 Bund Basilikum
75 g Gewürzgurken
 (Glas)
400 g körniger Frisch-
 käse (Magerstufe)
Holzspießchen
Zubereitung: 30 Min.
pro Portion ca. 485 kcal

1 Die Zwiebel schälen und sehr fein würfeln. Mit dem Hackfleisch, Salz und Pfeffer vermengen und etwa 20 kleine Klößchen daraus formen. In einer Pfanne im heißen Öl rundherum 8–10 Min. braun braten.

2 Die Kirschtomaten und das Basilikum waschen und trocken tupfen. Kirschtomaten, einige Basilikumblättchen und Hackbällchen auf kleine Holzspieße reihen.

3 Das restliche Basilikum fein schneiden, die Gurken klein würfeln. Beides unter den Frischkäse rühren, mit Salz und Pfeffer abschmecken. Spieße und Dip zusammen genießen.

KÄSETELLER MIT APRIKOSENSALSA

Überraschend schlank

1 Zwiebel
250 g reife Aprikosen
2 feste Tomaten
½ Bund Petersilie
Salz
Pfeffer
etwas Zucker
1 EL Olivenöl

180 g leichter Schafs-
   käse (Feta; 9 %)
6 dünne Käsescheiben
   (leicht; ca. 120 g)
4 Scheiben Sesam-
   Knäckebrot
Zubereitung: 15 Min.
pro Portion ca. 490 kcal

1 Die Zwiebel schälen. Die Aprikosen waschen, abtrocknen und entsteinen. Die Tomaten waschen, von den Stielansätzen befreien und entkernen. Alles fein würfeln.

2 Die Petersilie waschen und trocken tupfen, die Blättchen fein schneiden. Mit Salz, Pfeffer, Zucker und Olivenöl zu einem Dressing vermengen. Unter die gewürfelten Zutaten mischen und die Salsa pikant abschmecken.

3 Den Feta in Scheiben oder Würfel schneiden, mit den Käsescheiben und der Salsa auf Tellern anrichten, das Knäckebrot dazu genießen.

EIER-CARPACCIO MIT PAPRIKAQUARK

Italiens Farben leuchten

250 g Speisequark
  (20 %)
Salz
Pfeffer
1 rote Paprikaschote
1 grüne Paprikaschote
2 EL Ajvar (Glas)

2 TL TK-Kräuter
  italienische Art
4 hart gekochte Eier
2 Ciabatta-Brötchen
  (je ca. 65 g)
Zubereitung: 15 Min.
pro Portion ca. 460 kcal

1   Den Quark mit Salz und Pfeffer verrühren, Menge halbieren. Die Paprikaschoten waschen, putzen und jeweils separat fein hacken. Rote Paprika zusammen mit Ajvar unter eine Quarkportion rühren, grüne Paprika mit TK-Kräutern unter die andere Quarkportion.

2   Die Eier pellen und in dünne Scheiben schneiden, überlappend jeweils auf zwei Tellern auslegen.

3   Die Ciabatta-Brötchen in Scheiben schneiden und mit dem Eier-Carpaccio und dem Paprikaquark-Duo genießen.

CIABATTA
À LA SALTIMBOCCA

Für italienische Mittagspausen

8 Salbeiblätter
2 dünne Kalbsschnitzel
   (je ca. 80 g)
1 EL Öl
Salz, Pfeffer
1 EL Zitronensaft
1 kleiner Kopf
   Radicchio

2 Ciabatta-Brötchen
   (je ca. 65 g)
60 g Ricotta oder leichter Frischkäse (12 %)
4 dünne Scheiben magerer roher Schinken
Zubereitung: 15 Min.
pro Portion ca. 385 kcal

1 Den Salbei waschen und trocken tupfen. Die Kalbsschnitzel in einer beschichteten Pfanne im heißen Öl von jeder Seite ca. 2 Min. braten, dabei die Salbeiblätter mit in die Pfanne geben. Mit Salz, Pfeffer und dem Zitronensaft würzen und abkühlen lassen.

2 Den Radicchio waschen, putzen und gut trocken schutteln. Die Brötchen halbieren, mit Ricotta oder Frischkäse bestreichen.

3 Salatblätter auf die unteren Brötchenhälften legen und den Schinken, die Schnitzel mit Salbei und die oberen Brötchenhälften daraufschichten.

SCHINKEN-BAGELS
MIT RUCOLA

Typisch New York

20 g Pinienkerne
1 Handvoll Rucola
60 g Ricotta
Salz, Pfeffer
2 feste Tomaten

1 Chicorée
2 Bagels (je ca. 80 g)
75 g Parmaschinken
Zubereitung: 15 Min.
pro Portion ca. 355 kcal

1 Die Pinienkerne in einer kleinen Pfanne ohne Fett leicht rösten, dann hacken. Den Rucola waschen, trocken schütteln, ebenfalls hacken. Beides mit Ricotta verrühren, salzen und pfeffern.

2 Die Tomaten waschen, von den Stielansätzen befreien und in Scheiben schneiden. Den Chicorée waschen und putzen, in einzelne Blätter zerlegen. Die Bagels aufschneiden und toasten.

3 Die Rucolacreme auf die Bagelhälften streichen und die Bagels mit Chicorée, Tomaten und Schinken belegt wieder zusammensetzen.

SANDWICH MEXIKANISCHE ART

Feuriges für mehr Power

1 kleine Dose Kidney-
bohnen (ca. 200 g)
60 g leichter Frischkäse
(12 %)
1 rote Chilischote
Salz, Pfeffer
1 TL gemahlener
Kreuzkümmel
1 gelbe Paprikaschote

2 Blätter Eisbergsalat
2 große Vollkorn-
brötchen (je ca. 60 g)
2 EL Butter
100 g Putenbrust-
aufschnitt (in sehr
dünnen Scheiben)
Zubereitung: 15 Min.
pro Portion ca. 435 kcal

1 Kidneybohnen in einem Sieb kalt abbrausen, abtropfen lassen und mit dem Frischkäse pürieren. Chili waschen, putzen, entkernen, fein hacken und unter die Bohnencreme rühren. Mit Salz, Pfeffer und Kreuzkümmel abschmecken.

2 Paprika waschen und putzen, in schmale lange Streifen schneiden. Salat waschen, trocken schütteln und in Streifen zupfen.

3 Brötchen halbieren, alle Hälften mit Butter und Bohnencreme bestreichen und mit Salat, Paprika und dem Putenbrustaufschnitt belegt wieder zusammensetzen.

HÄHNCHEN- ANANAS-BURGER

Mac New

200 g Hähnchen-
brustfilet
2 EL Öl
Salz
Pfeffer
1 TL gemahlener
Kreuzkümmel
1 Prise getrocknete
Chiliflocken

⅛ Ananas
2 mittelgroße Blätter
Romanasalat
2 längliche Vollkorn-
brötchen (je ca. 60 g)
2 EL Butter
4 EL Ajvar (Glas)
Zubereitung: 15 Min.
pro Portion ca. 425 kcal

1 Die Hähnchenbrustfilets flach schneiden und klopfen. In einer beschichteten Pfanne im heißen Öl von jeder Seite ca. 2 Min. braten, dabei mit Salz, Pfeffer, Kreuzkümmel und Chiliflocken würzen. Abkühlen lassen.

2 Die Ananas schälen, längs in Spalten schneiden, den harten Mittelstrunk entfernen und das Frucht-fleisch in dünne Scheiben schneiden. Den Romana salat waschen und trocken schütteln.

3 Die Brötchen halbieren, alle Hälften mit Butter und Ajvar bestreichen. Mit Hähnchen, Ananas und Salat belegt wieder zusammensetzen.

KÄSESANDWICH MIT BIRNEN

Saftiges für unterwegs

1 kleiner Kopf
   Radicchio
1 feste Birne
1 EL Zitronensaft
1 Kästchen Kresse
75 g leichter Frischkäse
   (12 %)
Salz

Pfeffer
6 Scheiben Vollkorn-
   toastbrot
4 kleine Scheiben
   Emmentaler oder
   Bergkäse (75 g)

Zubereitung: 15 Min.
pro Portion ca. 465 kcal

1 Den Salat waschen, putzen und trocken schütteln, grob zerzupfen. Birne waschen, abtrocknen, vierteln und entkernen, in Spalten schneiden und mit Zitronensaft beträufeln. Kresse abschneiden, waschen und trocken tupfen, mit dem Frischkäse verrühren, mit Salz und Pfeffer würzen.

2 Brote toasten, dünn mit Kressefrischkäse bestreichen. 2 Scheiben mit Salatstreifen und Birnen belegen, 2 Brotscheiben auflegen (Frischkäse nach unten). Je 2 Käsescheiben darauf verteilen und übrige Brotscheiben auflegen (Frischkäse nach unten). Andrücken und die Sandwichs nach Belieben diagonal halbieren.

SCHARFE TORTILLA-ROLLEN

Very trendy

1 kleine reife Avocado
100 g Joghurt (1,5 %)
2 EL Limettensaft
Tabasco
Salz, Pfeffer
1 kleine rote Zwiebel
1 Tomate
½ gelbe Paprikaschote

4–8 Blätter Eisbergsalat
4 Tortilla-Fladen
   (Fertigprodukt)
100 g Putenbrust-
   aufschnitt (in sehr
   dünnen Scheiben)
Zubereitung: 15 Min.
pro Portion ca. 500 kcal

1   Das Avocadofleisch auslösen und zerdrücken, mit Joghurt, Limettensaft und Tabasco verrühren und mit Salz und Pfeffer abschmecken.

2   Die Zwiebel schälen und hacken. Tomate und Paprika waschen und putzen, Tomaten in Spalten, Paprika in lange Streifen schneiden. Den Salat waschen, putzen und trocken schütteln.

3   Die Fladen ausbreiten, alle Zutaten in der Mitte darauf verteilen. Die Ränder rechts und links über die Füllung legen, dann die Fladen von einer Seite beginnend so aufrollen, dass die Füllung eingeschlossen ist. Schräg halbieren, zum Mitnehmen gut verpacken.

WRAPS MIT PAPRIKAFÜLLUNG

Flott aufgerollt

2 süße Spitzpaprika-
schoten
½ Kopf Friséesalat
100 g leichter Frisch-
käse (12 %)
2 EL Mango-Chutney
(Glas)
Salz, Pfeffer

rosenscharfes Paprika-
pulver
4 Tortilla-Fladen
(Fertigprodukt)
4 dünne Käsescheiben
(leicht; ca. 80 g)
Zubereitung: 15 Min.
pro Portion ca. 490 kcal

1 Paprika waschen, putzen und in schmale, lange Streifen schneiden. Salat waschen, putzen und gut trocken schütteln, in einzelne Blätter teilen.

2 Frischkäse mit Mango-Chutney, Salz, Pfeffer und Paprikapulver verrühren. Tortilla-Fladen damit bestreichen. Die Käsescheiben und Salatblätter darauflegen.

3 Paprikastreifen mittig auf die Tortillas legen. Die Ränder rechts und links über die Füllung legen und die Fladen von einer Seite beginnend so aufrollen, dass die Füllung eingeschlossen ist. Eventuell schräg halbieren, zum Mitnehmen gut verpacken.

PANINI
TOSKANISCHE ART

Superlecker

2 Zucchini
1 EL Öl
Salz, Pfeffer
1 EL Zitronensaft
4 getrocknete, in
   Marinade eingelegte
   Tomaten

75 g Pecorino
   (oder Parmesan)
2 Ciabatta-Brötchen
   (je ca. 65 g)
50 g Pesto (Glas)
Zubereitung: 15 Min.
pro Portion ca. 495 kcal

1   Die Zucchini waschen, putzen und in dünne
Scheiben schneiden. Im heißen Öl in einer beschichteten Pfanne ca. 2 Min. von beiden Seiten
braten, mit Salz, Pfeffer und Zitronensaft würzen
und abkühlen lassen.

2   Die Tomaten abtropfen lassen und in Streifen
schneiden. Den Pecorino hobeln.

3   Die Brötchen aufschneiden, alle Hälften mit
Pesto bestreichen. Mit Zucchini, Pecorino und den
Tomaten belegen und wieder zusammensetzen.

BAGUETTE
À LA WALDORF

Cross-over zum Mitnehmen

3 Stangen Stauden-
   sellerie
2 feste Äpfel
2 EL Zitronensaft
40 g Walnusskerne
150 g Joghurt (1,5 %)
Salz, Pfeffer

2 Baguettebrötchen
   (je ca. 70 g)
2 EL mittelscharfer Senf
2–4 Blätter Eisbergsalat
2 hart gekochte Eier
Zubereitung: 15 Min.
pro Portion ca. 480 kcal

1   Den Sellerie und die Äpfel waschen, putzen
bzw. entkernen und in kleine Würfel schneiden,
Äpfel mit dem Zitronensaft beträufeln. Die Walnusskerne hacken. Den Joghurt evtl. abgießen
oder abtropfen lassen, Sellerie, Apfel und Nüsse
damit mischen. Salzen und pfeffern.

2   Die Brötchen aufschneiden und alle Hälften
dünn mit Senf bestreichen. Salat waschen, trocken
schütteln und zerzupfen.

3   Salat und Joghurtmischung auf die unteren
Hälften geben. Die Eier pellen, in Würfel schneiden und darüberstreuen. Mit den oberen Brötchenhälften abdecken.

ABENDS
DAHEIM

GEFÜLLTE PITA-BROTE

Macht gesund satt

1 Knoblauchzehe
100 g Schafsmilch-
   Joghurt (6 %; ersatz-
   weise Naturjoghurt)
Salz, Pfeffer
Cayennepfeffer
100 g leichter Schafs-
   käse (Feta; 9 %)
1 Handvoll gemischter
   Salat (küchenfertig)

2 kleine Pita-Brote
   (je ca. 75 g)
200 g Krautsalat
   (Becher oder
   Frischetheke)
1 Prise getrocknete
   Chiliflocken
Zubereitung: 15 Min.
pro Portion ca. 435 kcal

1 Den Knoblauch schälen und zerdrücken, mit dem Joghurt, Salz, Pfeffer und etwas Cayennepfeffer verrühren und pikant abschmecken.

2 Den Feta würfeln. Den Salat waschen und trocken schütteln.

3 In die Pita-Brote vorsichtig eine Tasche schneiden und die Brote toasten. Innen mit dem Joghurt bestreichen, Feta, Salat und den Krautsalat hineingeben. Die Chiliflocken aufstreuen.

TATAR IM GEMÜSE-EIER-BETT

Schnelles zum Verwöhnen

1 kleine Zwiebel	2 Möhren
1 Gewürzgurke (Glas)	½ Salatgurke
300 g Tatar	2 EL Zitronensaft
2 EL Kapern (Glas)	3 hart gekochte Eier
Salz	2 Zweige Petersilie
Pfeffer	***Zubereitung: 15 Min.***
1 Kohlrabi	***pro Portion ca. 360 kcal***

1   Die Zwiebel schälen und wie die Gurke sehr fein würfeln. Beides mit dem Tatar und den Kapern vermengen, mit Salz und Pfeffer abschmecken. Das Tatar mittig auf zwei Teller häufen.

2   Das Gemüse schälen und in kleine Würfel schneiden. Mit Zitronensaft, Salz und Pfeffer würzen. Die Eier pellen, ebenfalls würfeln und zum Gemüse geben. Alles rund um das Tatar verteilen.

3   Die Petersilie waschen, trocken tupfen und die Blättchen zum Servieren auf das Tatar streuen.

GURKENKALTSCHALE MIT GARNELEN

Kühlt an heißen Tagen

2 Salatgurken
½ Bund Dill
400 ml Kefir oder Dickmilch (gut gekühlt)
Salz, Pfeffer
1–2 EL Zitronensaft
2 Scheiben Bauernbrot (je ca. 40 g)

1 EL Butter
1 Knoblauchzehe
50 g geschälte, gekochte Garnelen (Frischetheke, ersatzweise TK)
Zubereitung: 20 Min.
pro Portion ca. 450 kcal

1 Die Gurken schälen, längs halbieren und die Kerne mit einem Teelöffel herauskratzen. Die Gurke raspeln oder sehr fein würfeln.

2 Den Dill waschen, trocken tupfen und fein schneiden. Mit den Gurken und Kefir oder Dickmilch verrühren, mit Salz, Pfeffer und Zitronensaft abschmecken. In tiefe Teller füllen.

3 Das Bauernbrot in Würfel schneiden. Die Butter in einer Pfanne aufschäumen, den Knoblauch schälen und dazupressen und das Brot darin rösten. Die Garnelen kurz mitbraten. Die Kaltschale mit Croûtons und Garnelen servieren.

GRATINIERTE CROSTINI

Abendessen wie in Napoli

1 kleines Ciabatta-Brot
   (ca. 250 g; ergibt
   10–12 Scheiben)
2 Knoblauchzehen
1 kleine Zwiebel
½ Dose stückige
   Tomaten (ca. 200 g)
Salz
Pfeffer

2 EL TK-Kräuter
   italienische Art
80 g Putenbrust-
   aufschnitt (in
   dünnen Scheiben)
1 Kugel leichter Mozza-
   rella (125 g; 20 %)
Zubereitung: 20 Min.
pro Portion ca. 465 kcal

1 Den Backofen auf 225° (Umluft 200°) vorheizen. Das Brot in Scheiben schneiden, im Toaster rösten und nebeneinander in eine Gratinform legen. Mit den geschälten Knoblauchzehen einreiben.

2 Die Zwiebel schälen und klein würfeln, mit den Tomaten, Salz, Pfeffer und den Kräutern vermischen und auf die Brote verteilen.

3 Den Putenaufschnitt auf die Brote legen. Den Mozzarella in dünne Scheiben schneiden, ebenfalls auf die Brote geben. Die Crostini im Backofen (oben) ca. 5 Min. überbacken.

INVOLTINI MIT TOMATENGEMÜSE

Rouladen auf Italienisch

300 g Minutenschnitzel vom Schwein
Salz
Zitronenpfeffer
2 Scheiben magerer roher Schinken
2 EL Olivenöl
2 kleine Zwiebeln

8 Salbeiblätter
1 Dose stückige Tomaten (ca. 400 g)
2 Ciabatta-Brötchen (je ca. 65 g)
Holzspießchen
Zubereitung: 30 Min.
pro Portion ca. 475 kcal

1   Das Fleisch flach klopfen, mit Salz und Zitronenpfeffer würzen. Schinken in Streifen schneiden, auf die Schnitzel legen, diese aufrollen und mit Holzspießen feststecken.

2   Das Öl in einer beschichteten Pfanne erhitzen, die Röllchen darin rundherum scharf anbraten, dann bei mittlerer Hitze noch ca. 5 Min. garen.

3   Die Zwiebeln schälen und fein würfeln. Salbei waschen, trocken tupfen und grob schneiden. Zwiebeln und Salbei zu den Röllchen geben, leicht anbraten. Tomaten einrühren, alles salzen und pfeffern und noch 2–3 Min. garen. Involtini und Tomatengemüse mit den Brötchen genießen.

GESCHNETZELTES MIT SPÄTZLE

Klassisch gut

2 Zwiebeln
250 g Hähnchen-
   brustfilet
300 g TK-Brokkoli
Salz
2 EL Öl
Pfeffer

2 TL Mehl
1 EL Tomatenmark
250 g Spätzle (Kühl-
   regal)
Zubereitung: 20 Min.
pro Portion ca. 475 kcal

1   Die Zwiebeln schälen und in Scheiben schneiden. Das Hähnchenfilet schnetzeln. Den Brokkoli in wenig Salzwasser knapp gar kochen, abgießen und klein schneiden.

2   In einer Pfanne 1 EL Öl erhitzen, das Fleisch darin ca. 1 Min. scharf anbraten. Salzen und pfeffern, aus der Pfanne nehmen. Die Zwiebeln im Bratfett andünsten. Mit Mehl bestäuben, Tomatenmark und ca. 150 ml Wasser einrühren. Alles cremig einkochen, das Fleisch dazugeben und noch 3–4 Min. garen.

3   Die Spätzle im restlichen Öl in einer Pfanne ca. 3 Min. braten. Brokkoli untermischen und beides zum Geschnetzelten servieren.

ZITRONENHUHN
MIT RUCOLAREIS

Feines für Gäste

150 g Basmatireis
Salz
1 Bund Rucola
1 kleine Bio-Zitrone
2 rote Zwiebeln
2 Hähnchenbrustfilets
(je ca. 150 g)

1 EL Olivenöl
Pfeffer
edelsüßes Paprika-
pulver
Zubereitung: 25 Min.
pro Portion ca. 475 kcal

1   Den Reis nach Packungsanweisung in Salzwasser garen. Den Rucola waschen, trocken
schütteln und ohne die groben Stiele hacken. Die
Zitrone heiß abwaschen, die Schale abreiben, den
Saft auspressen. Zwiebeln schälen und würfeln.

2   Die Hähnchenbrustfilets in größere Stücke
schneiden und in einer beschichteten Pfanne im
heißen Öl rundherum scharf anbraten. Die Zwiebeln dazugeben und die Hitze reduzieren. Mit
Salz, Pfeffer und Paprikapulver würzen und noch
ca. 8 Min. garen.

3   Zitronenschale und -saft zum Fleisch geben,
Rucola mit dem fertigen Reis mischen und mit
dem Zitronenhuhn anrichten.

GLASNUDELTOPF
MIT HUHN

Scharfes aus Thailand

100 g Glasnudeln
1 Zwiebel
1 großes Stück Ingwer
  (5–6 cm)
200 g Hähnchenbrust-
  filet
200 g Mungobohnen-
  sprossen

100 g Zuckerschoten
½ l Hühnerbrühe
½–1 TL grüne Curry-
  paste
4 EL Sojasauce
frisches Koriandergrün
Zubereitung: 20 Min.
pro Portion ca. 485 kcal

1 Die Glasnudeln ca. 3 Min. in kochendes Wasser legen, in einem Sieb abtropfen lassen, mit einer Schere zerschneiden und in Suppenschalen geben.

2 Die Zwiebel und den Ingwer schälen und fein hacken. Das Hähnchenbrustfilet schnetzeln. Die Mungobohnensprossen und die Zuckerschoten kalt abbrausen, die Zuckerschoten putzen und schräg halbieren.

3 Die Brühe aufkochen, Zwiebel, Ingwer, Curry-paste und Sojasauce einrühren. Hähnchenfleisch und Gemüse darin ca. 5 Min. garen. Über die Glasnudeln geben. Koriandergrün waschen, trocken tupfen und geschnitten auf die Suppe geben.

SPINAT-GNOCCHI
MIT OFENPAPRIKA

Fleischlos & würzig

3 Paprikaschoten (gelb und rot)
1 EL Olivenöl
1 TL scharfes Paprikapulver
Salz
Pfeffer

2 EL Pinienkerne
300 g TK-Blattspinat
400 g Gnocchi (Kühlregal)
6–8 Zweige Thymian
Zubereitung: 30 Min.
pro Portion ca. 470 kcal

1   Den Backofen auf 225° (Umluft 200°) vorheizen. Paprika waschen, putzen, halbieren und längs in breite Streifen schneiden. Das Öl in einer Gratinform mit Paprikapulver, Salz und Pfeffer verrühren, Paprikastreifen darin wenden. Im Ofen (Mitte) ca. 15 Min. garen, zwischendurch wenden.

2   Pinienkerne in einer Pfanne ohne Fett goldbraun rösten. Spinat dazugeben und auftauen. Die Gnocchi unter den Spinat mischen und alles 5–10 Min. garen. Mit Salz und Pfeffer abschmecken.

3   Thymian waschen und trocken tupfen, Blättchen abzupfen und zu den Paprika geben. Mit den Spinat-Gnocchi servieren.

GEMÜSE-PAELLA MIT MAKRELE

Spaniens Liebling

150 g Langkornreis
Salz
1 Bund Frühlings-
   zwiebeln
1 EL Olivenöl
1 Knoblauchzehe
300 g gemischtes
   TK-Gemüse
1 Döschen gemahlener
   Safran (0,1 g)

1 TL rosenscharfes
   Paprikapulver
1 TL getrockneter
   Thymian
200 ml Gemüsebrühe
1 Dose Makrelenfilets
   im eigenen Saft
   (85 g Abtropfgewicht)
Zubereitung: 25 Min.
pro Portion ca. 495 kcal

1   Den Reis nach Packungsanweisung in Salzwasser knapp gar kochen.

2   Die Frühlingszwiebeln waschen, putzen und
schräg in Ringe schneiden. In einer tiefen Pfanne
im heißen Öl leicht anbraten. Den Knoblauch
schälen und dazupressen. Das Gemüse, Safran,
Paprikapulver, Thymian und die Brühe einrühren,
ca. 5 Min. leicht köcheln.

3   Den Reis abtropfen lassen und zum Gemüse
geben. Die Makrelenfilets abtropfen lassen, zerklei-
nern und dazugeben, alles noch 1–2 Min. garen.

STEAKS MIT ORANGENPFEFFER

Raffiniert und überraschend

120 g Langkornreis
Salz
300 g grüne Bohnen
1 Bio-Orange
grob gemahlener
    Pfeffer

2 Rindersteaks
    (je ca. 150 g)
1 EL Öl
Zubereitung: 25 Min.
pro Portion ca. 495 kcal

1 Den Reis nach Packungsanweisung in Salzwasser garen. Die Bohnen waschen und putzen, in wenig Salzwasser in 8–12 Min. (je nach Sorte) bissfest garen.

2 Die Orange heiß abwaschen und abtrocknen, die Schale in feinen Spänen abziehen und mit grob gemahlenem Pfeffer mischen. Die Orangenfilets auslösen.

3 Die Steaks in einer schweren Pfanne im heißen Öl von jeder Seite ca. 1 Min. scharf anbraten, dann von jeder Seite noch 3–4 Min. bei reduzierter Hitze braten. Mit Salz und dem Orangenpfeffer würzen. Orangenfilets kurz im Bratfett wenden. Steaks, Orangenfilets, Reis und Bohnen zusammen anrichten.

KARTOFFELSTICKS
MIT SALSA-DIP

Unwiderstehlich gut

6 lange dicke Kartoffeln (ca. 800 g)
Salz
250 g feste Tomaten
1 frische, milde Peperoni
1 Bund glatte Petersilie
2 rote Zwiebeln
Saft von 1 Limette

100 g leichter Frischkäse (12 %)
Pfeffer
1 TL gemahlener Kreuzkümmel
3 EL Olivenöl
edelsüßes Paprikapulver
Zubereitung: 30 Min.
pro Portion ca. 475 kcal

1   Kartoffeln waschen und abbürsten, längs vierteln oder achteln. Zugedeckt in wenig Salzwasser in ca. 10 Min. knapp gar kochen.

2   Inzwischen Tomaten, Peperoni und Petersilie waschen und trocken tupfen, Zwiebeln schälen. Gemüse putzen und alles klein schneiden. Mit Limettensaft und Frischkäse verrühren und den Dip mit Salz, Pfeffer und Kreuzkümmel abschmecken.

3   Das Öl in einer beschichteten Pfanne erhitzen. Kartoffeln abgießen und ausdampfen lassen, im heißen Öl rundherum ca. 5 Min. braten. Mit Paprikapulver würzen und mit dem Dip anrichten.

FENCHELGRATIN MIT WALNÜSSEN

Herzhaft-kerniger Ofenhit

2 Fenchelknollen
1 rote Paprikaschote
¼ l Gemüsebrühe
2 TL Speisestärke
2 EL Zitronensaft
100 g magerer gekochter Schinken

2 Scheiben Vollkorntoast
30 g Walnusskerne
50 g frisch geriebener Emmentaler
Zubereitung: 30 Min.
pro Portion ca. 425 kcal

1 Das Gemüse waschen, putzen und in Streifen schneiden. Die Brühe in einem kleinen Topf aufkochen und die Gemüsestreifen darin knapp 10 Min. dünsten. Den Backofen auf 225° (Umluft 200°) vorheizen.

2 Die Stärke in einer Tasse mit dem Zitronensaft verrühren. Zum Gemüse gießen und aufkochen. Den Schinken in Streifen schneiden und untermischen. Alles in eine Gratinform umfüllen.

3 Das Toastbrot klein würfeln, über das Gratin streuen. Walnüsse grob hacken, mit dem Käse mischen und über das Gratin verteilen. Im Ofen (Mitte) ca. 10 Min. überbacken.

PENNE MIT TOMATENGARNELEN

Meeresfrisches Pasta-Glück

1 Bund Frühlings-
    zwiebeln
200 g Penne
Salz
100 g Kirschtomaten
1 EL Olivenöl
1 Knoblauchzehe

200 g geschälte, gekochte
    Garnelen (Frische-
    theke, ersatzweise TK)
Pfeffer
einige Zweige Dill
Zubereitung: 25 Min.
pro Portion ca. 480 kcal

1   Frühlingszwiebeln waschen, putzen, längs halbieren und in 4–5 cm lange Stücke schneiden. Nudeln nach Packungsanweisung in Salzwasser bissfest garen, in den letzten 3 Min. die Frühlingszwiebeln dazugeben.

2   Tomaten waschen und halbieren. Olivenöl in einer beschichteten Pfanne erhitzen. Knoblauch schälen, hineinpressen und leicht anschwitzen. Garnelen mit anbraten, Tomaten kurz mit erhitzen. Salzen und pfeffern.

3   Nudeln und Frühlingszwiebeln in einem Sieb abtropfen lassen, mit Garnelen und Tomaten mischen. Dill waschen, trocken tupfen, klein schneiden und zum Servieren aufstreuen.

CHILI-MAISKOLBEN MIT SPIESSEN

Fingerfood auf leichte Art

400 g Kartoffeln
Salz
1 rote Chilischote
1 Zucchino
250 g Putenbrustfilet
Pfeffer
edelsüßes Paprikapulver
2 EL Olivenöl
2 vorgekochte Mais-
kolben (vakuum-
verpackt; ca. 400 g)
Holzspieße
Zubereitung: 25 Min.
pro Portion ca. 460 kcal

1   Die Kartoffeln schälen, würfeln und zugedeckt in wenig Salzwasser weich garen. Die Chilischote waschen, putzen, entkernen und hacken.

2   Den Zucchino waschen und in 1 cm breite Scheiben schneiden. Das Putenfilet mundgerecht würfeln. Beides auf Holzspieße stecken. Mit Salz, Pfeffer und Paprikapulver würzen. In 1 EL Öl in einer Pfanne scharf anbraten, dann rundherum in ca. 10 Min. fertig garen. Spieße warm halten.

3   Das restliche Öl in der Pfanne erhitzen, den Mais darin ca. 5 Min. braten, mit Salz und Chili würzen. Mit den Spießen und den abgetropften Kartoffeln anrichten.

HÄHNCHENFILET MIT SALAT-STAMPF

Einfach zum Verwöhnen

500 g mehligkochende Kartoffeln
Salz
1 kleiner Kopf Salat
1 Bund Frühlings-zwiebeln
2 EL Öl

2 Hähnchenbrustfilets (je ca. 150 g)
Pfeffer
⅛ l Gemüsebrühe
100 ml Milch
Zubereitung: 30 Min.
pro Portion ca.450 kcal

1 Die Kartoffeln schälen, würfeln und zugedeckt in wenig Salzwasser gar kochen.

2 Inzwischen Salat und Frühlingszwiebeln waschen und putzen, Salat trocken schütteln und in feine Streifen, Zwiebeln in feine Ringe schneiden. Öl in einer Pfanne erhitzen, Hähnchen darin von beiden Seiten scharf anbraten. Salzen und pfeffern, bei reduzierter Hitze rundherum ca. 10 Min. braten. Herausnehmen und warm stellen.

3 Frühlingszwiebeln in der Pfanne leicht anbraten, mit Brühe ablöschen und kurz einkochen. Die Milch erhitzen. Kartoffeln abgießen und zerstampfen, Salat und Milch untermischen. Mit Hähnchenfilets und Frühlingszwiebeln anrichten.

LACHS MIT SCHNITT-LAUCHGEMÜSE

Im Frühling am besten

1 Bund Möhren
1 Bund Frühlings-
   zwiebeln
1 Kohlrabi
300 g Lachsfilet (frisch
   oder TK)
2 EL Zitronensaft
Salz

Pfeffer
20 g Butter
2 TL Mehl
3 EL Schnittlauch-
   röllchen
2 Brötchen (je ca. 50 g)
Zubereitung: 25 Min.
pro Portion ca. 475 kcal

1   Das Gemüse waschen und putzen bzw. schälen, in schmale Streifen bzw. schräg in Ringe schneiden. Das Lachsfilet kalt waschen (evtl. auftauen lassen), trocken tupfen und mit Zitronensaft, Salz und Pfeffer würzen.

2   Die Butter in einem Topf erhitzen, das Mehl darin unter Rühren anschwitzen. ¼ l Wasser mit einem Schneebesen einrühren, Gemüse untermengen und aufkochen. Den Lachs darauflegen, alles bei schwacher Hitze zugedeckt ca. 10 Min. garen.

3   Die Lachsfilets auf Teller heben. Schnittlauch, Salz, Pfeffer unter das Gemüse mischen und zum Lachs servieren. Die Brötchen dazu genießen.

MEDAILLONS IM SPINATBETT

Feines Feierabendessen

4 Schweinemedaillons
   (je ca. 60 g)
Salz, Pfeffer
2 rote Zwiebeln
2 Knoblauchzehen
1 EL Olivenöl

2 EL Pinienkerne
300 g TK-Blattspinat
120 g Instant-Polenta
½ l Gemüsebrühe
Zubereitung 25 Min.
pro Portion ca. 450 kcal

1   Die Medaillons salzen und pfeffern. Die Zwiebeln und den Knoblauch schälen und fein hacken.

2   Das Öl in einer beschichteten Pfanne erhitzen und die Medaillons darin rundherum scharf anbraten, herausnehmen. Zwiebeln, Knoblauch und Pinienkerne in der Pfanne leicht anbraten. Spinat dazugeben und unter Rühren auftauen lassen. Salzen und pfeffern, Medaillons darauflegen, alles zugedeckt noch ca. 10 Min. sanft garen.

3   Polenta nach Packungsanweisung mit der Brühe zubereiten. Zu Medaillons und Spinat servieren.

PASTA MIT LAMM UND FENCHEL

Mediterran und aromatisch

175 g breite Band-
  nudeln
Salz
2 kleine Fenchelknollen
125 g Lammfilet
1 Zwiebel
1 EL Olivenöl

2 EL Tomatenmark
Pfeffer
1 TL getrockneter
  Thymian
⅛ l Gemüsebrühe
Zubereitung 20 Min.
pro Portion ca. 495 kcal

1 Die Nudeln nach Packungsanweisung in Salzwasser bissfest garen. Den Fenchel waschen, putzen und in feine Stifte schneiden. Das Fleisch
schnetzeln, die Zwiebel schälen und würfeln.

2 Das Öl in einer beschichteten Pfanne erhitzen,
das Fleisch darin rundherum scharf anbraten, her-
ausnehmen. Die Hitze reduzieren, Fenchel und
Zwiebeln kurz im Bratfett anbraten. Tomatenmark,
Salz, Pfeffer und Thymian einrühren und alles mit
Brühe ablöschen. 4–5 Min. köcheln, dann das
Fleisch wieder dazugeben.

3 Die Nudeln gut abtropfen lassen und mit dem
Lammragout gemischt servieren.

STEAKS MIT SÜSSKARTOFFELN

Besonders edel und schnell

500 g Süßkartoffeln
Salz
4 Minutensteaks vom
    Rind (je ca. 60 g)
4 TL Senf, Pfeffer
4 geröstete, in Lake
    eingelegte Paprika
    (Glas)

1 EL Öl
2 EL gehackte Petersilie
100 ml Fleischbrühe
Holzspießchen
Zubereitung: 20 Min.
pro Portion ca. 485 kcal

1   Die Süßkartoffeln schälen, grob würfeln und zugedeckt in wenig Salzwasser in ca. 10 Min. weich garen.

2   Die Steaks mit Senf bestreichen, salzen und pfeffern. Jeweils 1 eingelegte Paprika auflegen, die Steaks zusammenklappen und mit Holzspießchen verschließen. Das Öl erhitzen, die Steaks darin von jeder Seite 30 Sek. scharf anbraten. Bei reduzierter Hitze je Seite noch 1–2 Min. braten.

3   Süßkartoffeln abgießen und zerdrücken. Mit den Steaks und mit Petersilie bestreut anrichten. Fleischbrühe in die Pfanne gießen, Bratensatz lösen und über die Steaks geben.

TOFUSCHNITZEL SARDISCHE ART

Deftiges ohne Fleisch

3 Zweige Rosmarin
500 g Kartoffeln
2 EL Olivenöl
Salz
1 Aubergine
1 Zucchino
1 große Zwiebel

1 Dose stückige
    Tomaten (ca. 400 g)
Pfeffer
getrocknete Chiliflocken
300 g Tofu
Zubereitung: 30 Min.
pro Portion ca. 480 kcal

1   Den Rosmarin waschen, trocken tupfen, die Nadeln abzupfen und hacken. Die Kartoffeln schälen und klein würfeln, in 1 EL Olivenöl anbraten. Salzen, 2 EL Rosmarin dazugeben und die Kartoffeln unter Wenden in ca. 15 Min. knusprig braun braten.

2   Aubergine und Zucchino waschen, die Zwiebel schälen und alles 1 cm groß würfeln. Im übrigen Öl in einem Topf anbraten. Restlichen Rosmarin und die Tomaten einrühren, mit Salz, Pfeffer und Chili würzen.

3   Den Tofu in Scheiben schneiden, hineinlegen und alles zugedeckt ca. 10 Min. garen. Abschmecken und mit den Kartoffeln anrichten.

SCHUPFNUDEL-KRESSE-PFANNE

Herzhaft und sättigend

1 EL Öl
400 g Schupfnudeln
   (Kühlregal)
1 große Zwiebel
300 g Wein-Sauerkraut
   (frisch oder Dose)
Salz
Pfeffer

gemahlener Koriander
60 g frisch geriebener
   Käse
1 Kästchen Kresse
edelsüßes Paprika-
   pulver
Zubereitung: 25 Min.
pro Portion ca. 485 kcal

1   Das Öl in einer beschichteten Pfanne erhitzen und die Schupfnudeln darin von allen Seiten goldbraun braten.

2   Die Zwiebel schälen und in Ringe schneiden, zu den Schupfnudeln geben und leicht mit anbraten. Das Sauerkraut untermengen und erhitzen, mit Salz, Pfeffer und Koriander abschmecken.

3   Den Käse darüberstreuen, einen Deckel auf die Pfanne legen und den Käse 3–4 Min. schmelzen lassen. Die Kresse abschneiden, waschen, trocken tupfen und darüber verteilen. Die Pfanne mit etwas Paprikapulver bestäubt servieren.

FISCHFILET MIT LIMETTENSAUCE

Karibisch inspiriert

2 EL Öl
2 TL Kurkumapulver
100 g Langkornreis
Salz
1 Bio-Limette
1 Zwiebel
1 rote Chilischote

300 g Fischfilet
   (z. B. Rotbarbe)
Pfeffer
80 g leichter Frischkäse
   (12 %)
Zubereitung: 25 Min.
pro Portion ca. 500 kcal

1 In einem Topf 1 EL Öl leicht erhitzen, erst Kurkuma und dann den Reis einrühren. ¼ l Wasser angießen, salzen, den Reis zugedeckt ca. 15 Min. garen.

2 Limette heiß waschen, die Schale abreiben, den Saft auspressen. Zwiebel schälen und klein würfeln. Chili waschen, entkernen und hacken.

3 Fischfilet kalt waschen und trocken tupfen. In einer Pfanne in 1 EL heißem Öl von jeder Seite 3–5 Min. sanft braten. Salzen und pfeffern, herausnehmen. Zwiebel und Chili in der Pfanne andünsten, Frischkäse, Limettenschale und -saft einrühren. Die Sauce aufkochen, abschmecken und zu Fisch und Reis servieren.

HACKSTEAKS MIT KÜRBISGEMÜSE

Schmeckt jeden Tag

300 g Rinderhackfleisch
Salz, Pfeffer
1 EL Tomatenmark
2 EL Öl
2 Zwiebeln
400 g Hokkaido-Kürbis

1 TL gemahlener
  Kardamom
½ TL Zimtpulver
2 EL gehackte Petersilie
Zubereitung: 25 Min.
pro Portion ca. 445 kcal

1   Das Hackfleisch mit Salz, Pfeffer und dem Tomatenmark vermengen und zu zwei flachen Steaks formen. 1 EL Öl in einer Pfanne erhitzen, die Steaks darin von beiden Seiten scharf anbraten, dann noch ca. 10 Min. sanft braten.

2   Die Zwiebeln schälen und klein würfeln. Den Kürbis putzen und klein schneiden, Kerne dabei entfernen. Beides im restlichen Öl in einem Topf andünsten. Mit Salz, Pfeffer, Kardamom und Zimt würzen, etwas Wasser angießen und den Kürbis zugedeckt 5–10 Min. garen. Abschmecken, zusammen mit den Hacksteaks anrichten und mit Petersilie bestreuen.

TOMATEN IM COUSCOUS-BETT

Gibt viel Energie

150 g Instant-Couscous
6 große Tomaten
  (ca. 1 kg)
Salz, Pfeffer
3 EL TK-Kräuter
  italienische Art

2 Knoblauchzehen
180 g leichter Schafs-
  käse (Feta; 9 %)
Zubereitung: 30 Min.
pro Portion ca. 465 kcal

1 Den Backofen auf 250° (Umluft 225°) vorheizen. Couscous in einer Schüssel mit gut 180 ml kochendem Wasser übergießen und ca. 5 Min. quellen lassen.

2 Tomaten waschen und putzen. Auf der Stielansatzseite je eine dicke Scheibe abschneiden, diese würfeln, mit dem Couscous mischen und in eine Gratinform geben. Mit Salz und Pfeffer würzen.

3 Die Tomaten mit den Rundungen nach unten in das Couscous-Bett setzen. Mit Salz und Pfeffer würzen. Kräuter aufstreuen, Knoblauch schälen und darüberpressen. Feta über die Tomaten bröckeln, kräftig pfeffern und alles im Ofen (Mitte) 10–12 Min. überbacken.

REGISTER

IMPRESSUM

Autorin: Angelika Ilies arbeitet als freie Food-Journalistin und Buchautorin und schreibt über alles, was mit Essen und Trinken zu tun hat. Alltagstaugliche Rezepte, die leicht gelingen, wunderbar schmecken und obendrein schlank machen, sind ihr Spezialgebiet und passen in jede Handtasche.

Fotografen: Anne Rogge und Jan Jankovic, das junge Fotografenteam mit Sitz in Düsseldorf, fotografieren am liebsten Food, Architektur, Menschen und Orte.
Für das Foodstyling waren Anne Rogge und Christoph Maurer verantwortlich, Fotoassistent war Paul Rüdinger.

Bildnachweis: Alle Fotos von Rogge & Jankovic

Syndication:
www.syndication.de

Illustrationen: Shutterstock images UC

Projektleitung: Alessandra Redies
Lektorat: Kathrin Gritschneder
Korrektorat: Waltraud Schmidt
Cover und Innenlayout: Independent Medien-Design, Horst Moser, München
Herstellung: Markus Plötz
Satz: Christopher Hammond
Reproduktion: Longo AG, Bozen
Druck: Printed in China

ISBN 978-3-8338-3259-8

1. Auflage 2012

GRÄFE
UND
UNZER

Ein Unternehmen der
GANSKE VERLAGSGRUPPE

 www.facebook.com/gu.verlag